Dichter der christlichen Gemeinde

# Martin Luther

von Helmut Lamparter

Quell Verlag Stuttgart

ISBN 3-7918-1004-9


1. Auflage 1980
Gesamtherstellung: Quell Verlag Stuttgart

Unter den Liedern, die uns durch das Kirchenjahr begleiten, finden wir im Evangelischen Kirchengesangbuch nicht weniger als dreißig, die Martin Luther als Verfasser ausweisen. Sie zeichnen sich durch eine besonders kraftvolle Sprache aus. Sooft wir sie lesen oder im Gottesdienst singen, wird uns bewußt, daß Luther nicht nur ein gewaltiger Prediger, ein furchtloser Bekenner, ein trefflicher Übersetzer und Ausleger der Heiligen Schrift gewesen ist, von dem jedermann bis heute nur lernen kann. Auch die Gabe und Kunst der Dichtung war ihm vertraut. Ob wir an das Weihnachtslied »Gelobet seist du, Jesu Christ« denken oder an das Osterlied »Christ lag in Todesbanden«, an das Pfingstlied »Komm, Heiliger Geist, Herre Gott« oder an das Schutz- und Trutzlied des evangelischen Christenglaubens »Ein feste Burg ist unser Gott, ein gute Wehr und Waffen« — keines dieser prachtvollen Lieder Luthers möchte man missen! Insgesamt sind es 36 Kirchenlieder, die er verfaßt hat. Sie haben die evangelische Christenheit durch mehr als vier Jahrhunderte begleitet, aufgeweckt, gesegnet und getröstet. 26 Lutherlieder haben zeitweise auch Eingang in katholische Gesangbücher gefunden. In ihrer kraftvollen, den Psalmen und den Propheten abgelauschten Sprache sind Luthers Lieder unerreicht. Sie begleiten uns durch das ganze Kirchenjahr und erklingen an dessen hohen Festtagen. Sie gehören zu jener »eisernen Ration«, die jeder Christ, der seines Glaubens gewiß und froh werden will und diesen in einer so gottblinden Welt bezeugen möchte, auswendig wissen und mit sich tragen sollte. Man hört und singt sich nicht satt daran sein Leben lang!

Woran mag das liegen? Was zeichnet diese Lutherlieder so besonders aus? An erster Stelle ist es die kraftvolle, urwüchsige Sprache, die uns ja auch in Luthers Übersetzung der Bibel beschenkt und beglückt. »Gemessen an Luthers deutscher Bibel ist alles andere Makulatur«, hat Friedrich Nietzsche, an sich ein leidenschaftlicher Widersacher des christlichen Glaubens, geurteilt. Mit einer gewissen Einschränkung kann und darf man dies auch von Luthers Liedern sagen. Man spürt es ihnen ab, daß Luther sein Leben lang mit den Psalmen, diesem Gebet- und Gesangbuch der Bibel, besonders vertraut war. Im Römerbrief hat er das verschüttete Evangelium neu entdeckt. Das Johannes-Evangelium, das »einige, zarte Haupt-Evangelium«, hat er besonders geliebt und gerühmt. Aber die Psalmen haben ihn wie kein anderes Buch der Bibel oder der Kirchenväter beten und singen gelehrt. In einer Schrift, geschrieben im Jahr 1535 für Meister Peter den Balbier, die den Titel trägt »Eine einfältige Weise zu beten«, bekennt Luther von sich selbst: »Wenn ich fühle, daß ich durch fremde Geschäfte oder Gedanken bin kalt und unlustig zu beten worden, wie denn das Fleisch und der Teufel allwege das Gebet wehren und hindern, nehme ich mein Psälterlein, laufe in die Kammer oder, so es der Tag und die Zeit ist, in die Kirche zum Haufen und hebe an, die Zehn Gebote, den Glauben (das Apostolische Glaubensbekenntnis) und, darnach ich Zeit habe, etliche Sprüche Christi, Pauli oder Psalmen mündlich bei mir selbst zu sprechen, allerdinge wie die Kinder tun.« Mein Psälterlein — so spricht die Liebe, die weiß, welch ein Schatz hier zu heben ist! Mit Luthers eigenen Liedern kann jeder, der diese Zeilen liest, dieselbe geistliche Erfahrung machen. Nicht zuletzt deshalb gebührt ihm unter den Dichtern der christlichen Gemeinde ein Ehrenplatz, auch wenn er sich selber mit Leidenschaft dagegen wehrte, daß man »die Kinder Gottes nach seinem vermaledeiten Namen nennen sollte«. Er hat sich seiner dichterischen Gabe nie gerühmt. Der mit nichts verdienten Gnade Gottes schrieb es Luther zu, daß er das verschüttete Evangelium nach schweren Kämpfen und Anfechtungen im Brief des Paulus an die Römer neu entdeckte. Uns aber, den Nachfahren, denen Luther den Weg zur Heilsgewißheit gewiesen hat, steht es zu, daß wir auf seine Stimme hören und über seinem Leben und Denken, seinem Dichten und Schaffen die Majestät und den Reichtum der Gnade Gottes preisen. Nicht nur unter den Theologen und Predigern, auch und nicht zuletzt unter den Dichtern der christlichen Gemeinde gebührt ihm ein Ehrenplatz.

## Luthers Herkunft und Jugendjahre

Luther stammte aus einem alten Bauerngeschlecht, das in dem Dorf Möhra in Thüringen seinen Wohnsitz hatte. Sein Vater, Hans Luther, zog mit seiner Frau Margarete geb. Lindemann im Herbst 1483 nach Eisleben, um dort im Bergbau sein Brot zu verdienen. Seiner Herkunft aus dem einfachen Volk hat sich Luther, der am 10. November 1483 geboren wurde, nie geschämt. »Mein Vater ist in seiner Jugend ein armer Häuer gewesen. Die Mutter hat all ihr Holz auf dem Rücken heimgetragen. Sie haben harte Mühsal ausgestanden, wie sie die Welt heute nicht mehr ertragen wollte.« Im darauffolgenden Jahr zog die Familie nach Mansfeld, wo es der Vater Luthers durch seinen Fleiß zu einem gewissen Wohlstand brachte. Im Frühjahr 1488 begann dort für den jungen Martin die Schulzeit. In der Schule wurde von Anfang an die lateinische Sprache traktiert, wobei der Präzeptor sehr häufig zu der heute mit Recht verpönten Prügelstrafe griff. Luther hat sich daran erinnert, daß er einmal vor Mittag fünfzehnmal geschlagen wurde: »Ich sollte deklinieren und konjugieren und hatte es doch noch nicht gelernt.« Die Schule in Mansfeld war wie jede andere Schule damals eine Kirchenschule. Täglich nahmen die Schüler als Chorsänger am Gottesdienst teil. Im Frühjahr 1497 zog Luther als fahrender Schüler nach Magdeburg. Da jedoch die meisten seiner Verwandten in Eisenach wohnten, zog er es vor, nach Jahresfrist in der dortigen Pfarrschule zu Sankt Georgen seine Schulzeit abzuschließen. »Vier Jahre lang oblag ich dort den Wissenschaften; keine andere Stadt kennt mich besser.« Als »Partekenhengst«, wie man die Schüler nannte, die vor den Häusern der Vornehmen um ein Stück Brot (particula panis) sangen, hat er dort mitgesungen und sich auch später dessen nie geschämt. Der Weg zum Studium war für den jungen Luther mit mancherlei Mühsal und Entbehrung gepflastert, wie sie heutzutage niemand mehr tragen wollte. Aber im April des Jahres 1501 war das erste Ziel erreicht. Luther konnte auf der Hohen Schule in der Stadt Erfurt mit dem Studium beginnen. Er nahm Wohnung in der Georgenburse. Auch hier hielt man es mit Arbeit und Freizeit, Speise und Tracht der Studierenden fast so streng wie im Kloster. Eine Bibel allerdings hatte er, jetzt schon zwanzig Jahre alt, noch nie gesehen oder gar selbst in der Hand gehabt. Im Januar des Jahres 1505 erwarb er den Magistergrad und stand nun vor der Wahl, was er weiter studieren sollte: Theologie, Jurisprudenz oder Medizin. Dem Wunsch des Vaters entsprechend entschied er sich für das Studium der Rechtswissenschaft. Doch dann trat ein Ereignis ein, das seinen weiteren Lebensweg in eine völlig andere Richtung drängte.

Seiner Eignung und Berufung zum Juristen keineswegs gewiß, gerät Luther auf dem Rückweg von Eisenach nach Erfurt unweit des Dorfes Stotternheim in ein schweres Gewitter und wird, unter einer Eiche Schutz suchend, um ein Haar vom Blitz erschlagen. Es ist ihm, als habe Gott selbst seinen Zornesstrahl nach ihm geschleudert. Zutiefst erschrocken wirft er sich nieder und ruft: »Hilf, heilige Anna, ich will ein Mönch werden!«

Dieses Erlebnis des jungen Luther ist in dreifacher Hinsicht bedeutsam: 1. Er wurde vom Tod gestreift, und er hat es nie mehr vergessen: Nicht erst am Ende, mitten im Leben sind wir vom Tod umfangen. 2. In der letzten Not steht jeder als ein einzelner vor Gott und wird zur Rechenschaft gezogen. »Es muß ein Jeder selbst auf die Schanze treten. Du bist nicht bei mir, ich bin nicht bei dir. Wir können einander nur in die Ohren schreien.« 3. In heiligem Zorn hat Gott seinen Blitz nach ihm geschleudert. »Wie kriege ich einen gnädigen Gott? Was muß ich tun, damit ich ihm recht werde?« Diese Frage eines vor Gott erschrockenen Gewissens war für ihn von Stund an die allerwichtigste. Sie duldete keinen Aufschub. Luther griff nach der Lösung, welche die Kirche denen anbot, die mit ganzem Ernst Christen sein wollten: Er ging ins Kloster, wurde Mönch. »Ich bin nicht gern und eigenwillig Mönch geworden, noch weniger um des Bauches willen, sondern in Todesangst und Schrecken hat mich eine Erscheinung vom Himmel berufen.«

## Luthers Klosterjahre

Zwei Monate später wird Luther nach abgelegter Generalbeichte als Novize auf ein Probejahr in die Klostergemeinschaft der Augustiner-Eremiten aufgenommen. Die Ordensbrüder, siebzig an der Zahl, sind um ihn versammelt. Der Prior schildert ihm noch einmal die ganze Strenge des Lebens, das er nun beginnen will: Verzicht auf jeden Eigenwillen, Abtötung des Fleisches, völlige Armut, Scheidung von der Welt, wachen, beten und fasten. »Willst du das auf dich nehmen?« — »Ja, ich will es mit Gottes Hilfe, soweit es die menschliche Gebrechlichkeit mir gestattet.« Nach seiner Einkleidung in das weiße Skapulier, ein Sinnbild für das sanfte Joch Christi, und in die schwarze Kutte mit der großen Kapuze zieht der Chor der Mönche in feierlicher Prozession zur Kirche. Auf dem Grabstein eines berühmten Ordensbruders wirft sich Luther mit in Kreuzesform ausgestreckten Armen nieder und lauscht den Gebeten, die über ihn gesprochen werden. Nach Ablauf des Probejahres legt er das endgültige Gelöbnis ab, hinfort ohne eigenen Besitz zu leben in freiwilliger Armut und Keuschheit gemäß der Regel des heiligen Augustin und im Gehorsam gegen die Oberen des Ordens bis in den Tod. Er tut noch ein Übriges und bringt sich schier um mit Wachen, Beten und Fasten, so daß die Ordensbrüder den bleichen, abgezehrten Mönch mit wachsender Scheu betrachten. »Es ist wahr, ich bin ein frommer Mönch gewesen und habe meinen Orden so streng gehalten, daß ich sagen darf: Ist je ein Mönch in den Himmel gekommen durch Möncherei, so wollte ich auch hineingekommen sein. Das werden mir alle meine Klostergesellen, die mich gekannt haben, bezeugen. Denn ich hätte mich, wenn es noch länger gedauert hätte, zu Tode gemartert mit Wachen, Beten, Lesen und anderer Arbeit.«

Zunächst glaubt Luther auf dem rechten Weg zu sein. Aber bald gerät er in Zweifel und Anfechtungen. Er zweifelt nicht einen Augenblick an der Wirklichkeit Gottes, wohl aber an der Reinheit seiner Liebe zu Gott, an der Vollkommenheit seines guten Willens. In seiner rücksichtslosen Ehrlichkeit gegen sich selbst erkennt Luther, wie wenig es ihm gelingt, das Gebot: »Du sollst Gott lieben von ganzem Herzen, von ganzer Seele und von ganzem Gemüte«, wirklich zu erfüllen. Zu tief ist die Selbstliebe (amor sui) in seinem ganzen Wesen verwurzelt, als daß es ihm gelänge, sie auszureißen. Diese Selbstliebe durchsetzt und verdirbt — so entdeckt er mit Schrecken — seine ganze Frömmigkeit. Warum bemüht er sich, Gott zu lieben? Nicht weil Gott Gott ist, sondern weil er in dieser Gottesliebe die Erfüllung des irdischen und die Verheißung des ewigen Lebens zu finden hofft. Als ein Mensch, der von Natur »in se incurvatus« (in sich selbst verkrümmt) ist, ist er unfähig zu echter, reiner Gottes- und Nächstenliebe. Je ernster er das Gebot Gottes nimmt, um so tiefer erkennt Luther sein Unvermögen, ihm wirklich gerecht zu werden. Auch die Beichte seiner Sünden gereicht ihm nicht zum Trost, weil er die Echtheit und Tiefe seiner Reue bezweifelt. Nicht anders ergeht es ihm bei seinem Bemühen, auf dem Weg mystischer Versenkung in den tiefsten Seelengrund mit Gott eins zu werden. Wohl glaubt er einmal »unter Engelchören zu weilen«, aber die wirkliche, völlige, bleibende Vereinigung mit Gott, nach der ihn verlangt, erreicht er auch auf diesem Weg nicht. In seiner Gewissensqual sucht er Rat und Trost bei seinen Ordensbrüdern; aber keiner versteht ihn wirklich in der Tiefe seiner Not. Auch sein Ordensvorgesetzter, Johann von Staupitz, dem er oftmals gebeichtet hat, versucht vergeblich, ihn zu trösten. Er hat ihm jedoch einen wichtigen Rat erteilt. »Staupitz«, so erzählt Luther selbst, »mein Prior, saß einmal nachdenklich unter dem Birnbaum, der heute noch inmitten meines Hofes steht*; endlich sagte er zu mir: ›Herr Magister, Ihr solltet den Doktorgrad erwerben, so kriegt Ihr etwas zu schaffen.‹« Luther befolgt diesen Rat und wird, inzwischen 29 Jahre alt, nach abgelegtem Examen Professor für biblische Theologie. Ende Oktober 1512 beginnt er in Wittenberg als Mitglied der theologischen Fakultät seine Lehrtätigkeit.

Im Frühjahr 1513 bereitet er sich in der Turmstube des Klosters auf eine Vorlesung über die Psalmen vor. Als er in Psalm 31, Vers 2, die Worte liest: »Errette mich durch deine Gerechtigkeit«, überwältigt ihn aufs neue

* Luther war im Sommer 1511 von Erfurt nach Wittenberg versetzt worden. Er versah das Amt des Predigers in der dortigen Klostergemeinde.

seine Qual. Er haßt dieses Wort »Gerechtigkeit« und kann nicht verstehen, wieso der Psalmist von der Gerechtigkeit Gottes seine Rettung erhofft. In dem Bemühen, in Erfahrung zu bringen, was »Gerechtigkeit Gottes« in der Heiligen Schrift bedeutet, gerät er an die Stelle im Römerbrief, an der Paulus das ihm anvertraute Evangelium eine »Kraft Gottes« nennt, die alle rettet, die daran glauben, und bezeugt, daß dieses Evangelium darum solch eine rettende Kraft hat, weil darin »die Gerechtigkeit Gottes offenbart ist« (Römer 1,16f). Verzweifelt kämpft Luther um das Verständnis dieser Stelle, und da geschieht es, daß sich ihm neu erschließt, wieso Paulus die Offenbarung der Gerechtigkeit Gottes keineswegs mit drohendem Ernst ankündigt, sie vielmehr ein Evangelium, eine Heilsbotschaft nennt. In der Vorrede zum ersten Band seiner in lateinischer Sprache geschriebenen Werke hat Luther ein Jahr vor seinem Tod diesen seinen Durchbruch beschrieben:
»Ich war von einer wunderbaren Glut ergriffen, Paulus im Römerbrief zu verstehen; allein dem war bisher im Wege gestanden ein einziges Wort in Kapitel 1, 17: ›Die Gerechtigkeit Gottes wird darin offenbart.‹ Ich haßte nämlich dieses Wort ›Gerechtigkeit Gottes‹, weil ich nach Brauch und Gewohnheit aller Kirchenlehrer unterwiesen war, es philosophisch zu verstehen von der formalen oder aktiven Gerechtigkeit, wonach Gott gerecht *ist* und die Sünder und Ungerechten straft... So raste ich mit wütendem und verstörtem Gewissen und schlug mich an jener Stelle rücksichtslos mit Paulus herum, da ich glühend danach lechzte, zu wissen, was Sankt Paulus wollte. So lange, bis ich endlich unter Gottes Erbarmen, Tage und Nächte lang nachdenkend, meine Aufmerksamkeit auf den Zusammenhang der Worte richtete, nämlich: ›Die Gerechtigkeit Gottes

wird darin offenbart, wie geschrieben steht: Der Gerechte lebt aus dem Glauben.‹ Da begann ich die Gerechtigkeit Gottes verstehen zu lernen als die Gerechtigkeit, in welcher der Gerechte durch Gottes Geschenk lebt, und zwar aus Glauben, und ich fing an zu verstehen, daß dies die Meinung ist, es werde durchs Evangelium die Gerechtigkeit Gottes offenbart, nämlich die passive, durch welche uns Gott gerecht *macht* durch den Glauben, wie geschrieben steht: ›Der Gerechte lebt aus dem Glauben.‹ Hier fühlte ich mich völlig neu geboren und als wäre ich durch geöffnete Pforten in das Paradies selbst eingetreten.«

Zutiefst bewegt fällt Luther in der Turmstube des Klosters auf die Knie. Über seinem gequälten Geist hatte sich der Himmel geöffnet. Er hatte das Evangelium neu entdeckt. Mit »Gerechtigkeit Gottes« meint die Heilige Schrift nicht die unparteiische Rechtsprechung des Richters, der jedem Lohn und Strafe zumißt, wie er es verdient. Sie bezeugt damit vielmehr sein zurechtbringendes, rettendes Erbarmen, das den Sünder um Christi willen gerechtspricht. Diese Entdeckung, Luthers sogenanntes »Turmerlebnis«, ist die geistliche Wurzel der Reformation. Durch das Studium des Römerbriefs und des Galaterbriefs erschließt sich ihm in der Folgezeit ein neues Verständnis der Person und des Werkes Christi. So macht Gott uns gerecht, daß er uns die Gerechtigkeit Christi zurechnet. Sie wird unser eigen durch den Glauben, der diese »süße Wundertat« für sich selbst in Anspruch nimmt, wahr sein läßt. »Daß Christus die Sünde der Welt getragen hat und dafür am Kreuz gestorben ist, dies wissen auch die Teufel und zittern. Daß er für meine Sünde gestorben ist, damit beginnt der Glaube.« Dieses »pro me« (für mich) darf nicht unterschlagen werden. »Ich glaube, daß Jesus Christus, wahrhaftiger Gott vom Vater in Ewigkeit geboren und auch wahrhaftiger Mensch von der Jungfrau Maria geboren, sei *mein* Herr, der *mich* verlorenen und verdammten Menschen erlöst hat, erworben und gewonnen von allen Sünden, vom Tod und von der Gewalt des Teufels« — so lehrt uns Luther im Katechismus, den er im Jahr 1529 schrieb. Es genügt, das herrliche Lied »Nun freut euch, lieben Christen g'mein, und laßt uns fröhlich springen« im Gesangbuch aufzuschlagen, um zu erkennen, wie wichtig ihm diese persönliche Aneignung der rettenden Gnadentat Gottes geworden ist.

Mein guten Werk, die galten nicht,
es war mit ihn' verdorben;
der frei Will haßte Gotts Gericht,
er war zum Gut'n erstorben.
Die Angst mich zu verzweifeln trieb,
daß nichts denn Sterben bei mir blieb;
zur Höllen mußt ich sinken.

Da jammert' Gott in Ewigkeit
mein Elend übermaßen;
er dacht an sein Barmherzigkeit,
er wollt mir helfen lassen.
Er wandt zu mir das Vaterherz;
es war bei ihm fürwahr kein Scherz,
er ließ's sein Bestes kosten.

Der Sohn dem Vater g'horsam ward,
er kam zu mir auf Erden
von einer Jungfrau rein und zart;
er sollt mein Bruder werden.
Gar heimlich führt' er sein Gewalt,
er ging in meiner armen G'stalt;
den Teufel wollt er fangen.

Er sprach zu mir: »Halt dich an mich,
es soll dir jetzt gelingen;
ich geb mich selber ganz für dich,
da will ich für dich ringen.
Denn ich bin dein und du bist mein,
und wo ich bleib, da sollst du sein;
uns soll der Feind nicht scheiden.«

EKG 239,3.4.6.7

**Luthers Thesenanschlag**

Die Frage: »Wie kriege ich einen gnädigen Gott?« hatte Luther an den Rand der Verzweiflung geführt, und die ihm neu geschenkte Heilsgewißheit hatte nichts gemein mit einer leichtfertigen, fleischlichen Sicherheit. So versteht man auch, daß es ihn tief bekümmerte, als ein Predigermönch namens Johann Tetzel angereist kam und dem Volk, das ihm zuströmte, Ablaßbriefe anbot, die um Geld käuflich waren und Lebende und Verstorbene gegen alle Strafen des Fegfeuers und der Hölle versichern sollten. An seinen eigenen Beichtkindern erlebte Luther, welch schlimme Folgen dieser Handel mit dem Ablaß hatte, zumal dieser Tetzel nicht nur für begangene, sondern auch für künftige Sünden Ablaß anbot. In einem Brief an Erzbischof Albrecht von Mainz erklärt Luther, daß er um der ihm anvertrauten Seelen willen dazu nicht länger schweigen könne. Er legt seinem Brief 95 Streitsätze bei und schlägt am 31. Oktober 1517 diese Thesen an die Tür der Schloßkirche zu Wittenberg, um die Mitglieder der Universität zu einer öffentlichen Disputation über den Ablaß aufzufordern. Niemand meldet sich, jedoch was Luther nicht ahnen konnte, geschieht: Die Thesen werden überall verbreitet, in deutscher Übersetzung gedruckt und unter das Volk gebracht, so daß sie »fast in vierzehn Tagen durch ganz Deutschland liefen«. Luther hatte diese Wirkung keineswegs erwartet. Er kam sich vor wie ein Mann, der die Wendeltreppe in einem Kirchturm emporsteigt und unversehens nach dem Glockenseil greift. Es genügt, einige dieser Thesen zu zitieren, um diesen selbst für Luther überraschenden Widerhall verständlich zu machen.

1 Unser Herr und Meister Jesus Christus hat mit seinem Wort: »Tut Buße«, gewollt, daß das ganze Leben der Gläubigen Buße sein solle.

32 Verdammt in Ewigkeit samt ihren Lehrmeistern werden die sein, die durch Ablaßbriefe ihres Heils gewiß zu sein glauben.

36 Jeder Christ ohne Ausnahme, der wahrhaft Reue empfindet, *hat* völlige Vergebung von Strafe und Schuld, die ihm auch ohne Ablaßbriefe gebührt.

43 Lehren muß man die Christen: Wer dem Armen gibt oder dem Bedürftigen leiht, tut besser, als wenn er Ablaß löst.

62 Der wahre Schatz der Kirche ist das hochheilige Evangelium der Ehre und Gnade Gottes.

92 Deshalb fort mit all *den* Propheten, die dem Volke sagen: »Friede, Friede«, und ist kein Friede.

93 Wohlergehen soll's all *den* Propheten, die dem Volke Christi sagen: »Kreuz, Kreuz«, und ist kein Kreuz.

94 Ermahnen muß man die Christen, daß sie ihrem Haupt Christus durch Leiden, Tod und Höllen nachzufolgen trachten.

95 Und so sollen sie vielmehr ihr Vertrauen darauf setzen, durch viele Trübsale ins Himmelreich einzugehen als durch die Sicherheit eines (falschen) Friedens.

Luther selbst ist über die Wirkung dieses Thesenanschlags erschrocken. Auf den Rat des Johann von Staupitz hin übersendet er dem Haupt der Christenheit, Papst Leo X., seine »Erläuterungen«, allerdings mit der Versicherung: »Widerrufen kann ich nicht, auch wenn ich sehe, welch erschreckender Haß gegen mich auflodert.« Seine Thesen werden jedoch in Rom als ketzerisch verworfen. Luther erhält eine Vorladung mit der Auflage, sich binnen 60 Tagen zur Verantwortung seiner Lehre in Rom einzufinden. Auf Wunsch von Kurfürst Friedrich von Sachsen, der ihm diese Reise ersparen wollte, wird Luther zunächst zum Verhör vor den päpstlichen Legaten, Kardinal Cajetan, auf den im Herbst 1518 in Augsburg stattfindenden Reichstag zitiert. Cajetan verlangt von ihm den Widerruf seiner Irrtümer, auch solle er jede Störung des Kirchenfriedens strikt vermeiden. Aber Luther weigert sich, seinem in Gottes Wort gefangenen Gewissen zuwiderzuhandeln. Cajetan erkennt, daß hier weitere Gespräche und Verhandlungen zwecklos sind: »Ich mag nicht länger mit dieser deutschen Bestie reden, denn sie hat tiefe Augen und wunderliche Spekulationen im Kopf.« Luther selbst wird von seinen Freunden in der Nacht heimlich aus Augsburg fortgeschafft und kehrt nach Wittenberg zurück, wo er vorläufig geborgen ist. Auch die Disputation mit dem Ingolstädter Professor Eck in Leipzig im Juli des Jahres 1519 bestätigt Luther nur darin, den eingeschlagenen Weg fortzusetzen, sich in allen Fragen des Glaubens allein an der Heiligen Schrift auszurichten: »Man muß in Sachen des Glaubens nach der Wahrheit, nicht nach der Gewohnheit handeln.« Oder, wie dies Luther später noch schärfer formuliert: »Papa, Patres, hohe Schulen — *ein* Wort Gottes ist mehr als dieser Haufe mit all seiner Gewalt.« Er sollte freilich die Gewalt der damals herrschenden Kirche deutlich zu spüren bekommen. Eck, seit März 1520 in Rom, setzt seinen ganzen Einfluß ein, um Luther zu verderben. Eine päpstliche Bulle wird ausgestellt, die ihn mit dem Bann bedroht, sollte er nicht innerhalb von 60 Tagen seine Lehre widerrufen. Zur Bekanntmachung und Vollstreckung dieser Bulle werden Eck und Aleander, der Bibliothekar des Papstes, nach Deutschland und in die Niederlande entsandt. Aber Luther ist zu keinem Widerruf bereit. Vor der Stadtmauer Wittenbergs wirft er die päpstliche Bulle am Morgen des 10. Dezember 1520 in Anwesenheit der Professoren und Studenten ins Feuer — wenn es sein soll, auch zum Martyrium bereit.

## Auf dem Reichstag zu Worms

Warum Luther nicht widerrufen kann und will, wird vollends deutlich auf dem Reichstag zu Worms, den Kaiser Karl V. einberuft und am 28. Januar 1521 eröffnet. Unter der Zusicherung freien Geleits wird Luther nach Worms zitiert. In größter Öffentlichkeit, vor der höchsten Reichsgewalt soll und muß er sich verteidigen. Am Abend des 18. April gibt er in einer langen Rede, zuerst deutsch, dann lateinisch, seine Antwort. Er erklärt sich bereit, seine Bücher und Schriften zu widerrufen, sobald er durch die Heilige Schrift eines Besseren belehrt werde: »Bin ich belehrt, so will ich gerne jeden Irrtum widerrufen und will der erste sein, der meine Bücher ins Feuer wirft.« Hier spricht nicht eigenwilliger, rebellischer Trotz, der jede weltliche und geistliche Autorität mißachtet, sondern ein in Gottes Wort gefangenes Gewissen. Noch einmal um eine aufrichtige, eindeutige Antwort befragt, erklärt Luther: »Weil Eure Majestät und Eure Gnaden eine schlichte Antwort begehren, so will ich eine solche ohne Hörner und Zähne geben. Werde ich nicht durch Zeugnisse der Schrift oder durch klare Vernunftgründe überwunden — denn ich glaube weder dem Papst noch den Konzilien allein, da es am Tage ist, daß sie des öfteren geirrt und sich selbst widersprochen haben —, so bleibe ich überwunden durch die von mir angeführten Stellen der Schrift und mein Gewissen gefangen durch Gottes Wort. Widerrufen kann und will ich nichts, denn es ist weder sicher noch heilsam, gegen das Gewissen zu handeln. Gott helfe mir. Amen.«

Man beachte, daß Luther sich nicht auf das Gewissen allein, vielmehr auf sein *in Gottes Wort gefangenes Gewissen* berufen hat. Nicht in rebellischem Trotz verweigert er den Widerruf, so wenig er sich nur auf inwendige Erleuchtung durch den heiligen Geist beruft. Dieselbe Haltung beobachten wir auch Jahre später, als er mit Zwingli, dem Zürcher Reformator, in Marburg um das rechte Verständnis der Gegenwart Christi im Abendmahl gerungen hat. Luther hatte die Einsetzungsworte mit Kreide auf die Tischplatte geschrieben (»Das ist mein Leib...«) und im entscheidenden Augenblick des Gesprächs das Tischtuch mit den Worten weggezogen: »Ich kann nicht heraus, der Text ist zu gewaltig und will sich mit Worten nicht lassen aus dem Sinn reißen.« Der demütige Gehorsam gegen das in der Schrift geoffenbarte Wort Gottes war und blieb der Grundzug seines Denkens und Handelns. Nach Verweigerung des Widerrufs vor dem versammelten Reichstag kehrt er in seine Herberge zurück und ruft: »Ich bin hindurch!« Am 25. Mai 1521 unterzeichnet der Kaiser ein Edikt, das über Luther die Reichsacht verhängt. Niemand darf ihm hinfort Hilfe und Obdach gewähren, seine Bücher und Schriften dürfen nicht mehr gedruckt und verbreitet werden.

Viele, die auf ihn ihre Hoffnung setzten, trauern um ihn, so zum Beispiel auch Albrecht Dürer, der große Maler in Nürnberg, ganz in der Meinung, irgendein gedungener Mordbube habe Luther beseitigt. Tatsächlich wird sein Wagen auf der Heimfahrt überfallen. Man zieht ihn heraus und bringt ihn nach langem Ritt kreuz und quer durch die Wälder auf die Wartburg. Dies geschieht freilich auf Befehl seines Landesherrn, des Kurfürsten Friedrich des Weisen, der seinen Räten den Auftrag gegeben hatte, Luther an einem sicheren Ort zu verbergen. Als »Junker Jörg«, nicht mehr kenntlich an Mönchskutte und Tonsur, verbringt Luther dort seine Tage, allerdings nicht mit Spiel und Jagd oder unnützem Zeitvertreib. Immer tiefer gräbt er sich in das Studium der Bibel hinein, lernt Griechisch und Hebräisch, um das Neue und das Alte Testament in seinen Ursprachen zu verstehen. Davon überzeugt, daß die Heilige Schrift »klar genug für jedermann sei, seinen Glauben darauf zu gründen und daraus zu beweisen«, macht er sich an die Arbeit, um sie in die deutsche Sprache zu übersetzen, wobei ihm die Tatsache zu Hilfe kommt, daß Erasmus von Rotterdam, der berühmte Humanist, im Jahr 1519 das Neue Testament im griechischen Urtext herausgegeben hatte. Er verfaßt außerdem in lateinischer Sprache eine umfangreiche Schrift über die Mönchsgelübde, ganz durch das neu entdeckte Evangelium darin bestärkt, daß uns Christus zur Freiheit befreit und berufen hat. »Christus selbst ist mein Bischof, Abt, Prior,

Herr, Vater und Meister. Einen anderen kenne ich nicht mehr.«

Mit den Freunden in Wittenberg, insbesondere mit dem jungen, hochbegabten Philipp Melanchthon, dem Sohn eines Waffenschmieds in Bretten bei Bruchsal, steht Luther in enger brieflicher Verbindung. Dort freilich geht es sehr stürmisch zu. Im Gottesdienst wird das Abendmahl in beiderlei Gestalt gefeiert und an die Gemeinde ausgeteilt. Priester, die die Messe lesen wollen, werden von Bürgern und Studenten mit Gewalt vom Altar weggejagt. Die Bilder in der Klosterkirche werden verbrannt. Die Beichte wird für seelengefährlich, das Fasten für überflüssig erklärt. Karlstadt, ein unruhiger Eiferer, beherrscht je länger, desto mehr das Feld. Als gar die »Zwickauer Propheten«, Storch und Hübner, beide von Thomas Müntzer beeinflußt, nach Wittenberg kommen und die Abschaffung der Kindertaufe, ja den Umsturz aller bisher gültigen Ordnung proklamieren, weiß man sich in Wittenberg keinen anderen Rat mehr, als Luther zu Hilfe zu rufen. Dessen gewiß, daß er in einem höheren Schutz steht als ihn der Kurfürst gewähren kann, reitet Luther, als Junker verkleidet, durch das winterliche Land und besteigt am Sonntag Invokavit 1522 die Kanzel in Wittenberg.

»Wir sind allesamt zum Tode gefordert, und es wird keiner für den anderen sterben, sondern ein jeder wird in eigener Person für sich mit dem Tode kämpfen... Ich werde nicht bei dir sein noch du bei mir. Wir können einander nur in die Ohren schreien« — so lautet der erste Satz seiner gewaltigen Predigt. Im Lauf einer Woche, in der er täglich über die Hauptstücke des christlichen Glaubens predigt, gelingt es Luther, der Schwarmgeisterei Einhalt zu gebieten und das Evangelium wieder hell auf den Leuchter zu stellen.

## Die Neuordnung des Gottesdienstes

Die Kunde, daß Luther, der von vielen schon als ein Toter betrauert wurde, wieder in Wittenberg sei, verbreitet sich wie ein Lauffeuer. Überall stehen Prediger auf, die das wieder entdeckte Evangelium verkündigen. Kaiser Karl V., durch den Krieg mit Frankreich und viele andere Sorgen für Jahre beansprucht, sieht sich genötigt, die Durchführung des Wormser Edikts bis auf weiteres zu verschieben. So bleibt »das Wort im Schwange«, das Evangelium nimmt seinen Lauf. Luther entwirft eine »Ordnung des Gottesdienstes« (1523). Er zeigt in einer Schrift mit dem Titel »Von weltlicher Obrigkeit, wie weit man ihr Gehorsam schuldig sei« auf, was es mit dem Grund und der Grenze dieses Gehorsams für eine Bewandtnis hat. Er wendet sich »An die Ratsherren aller Städte deutschen Landes, daß sie christliche Schulen aufrichten und halten sollen«. Er drängt darauf, auch dem einfachen Volk den Zugang zur Bibel Alten und Neuen Testaments zu erschließen. Melanchthon und Matthäus Aurogallus, Lehrer für hebräische Sprache in Wittenberg, müssen ihm bei der Übersetzung Hilfe leisten. Nach langer, mühevoller Abeit kann im Jahr 1534 »Biblia, das ist die gantze Heilige Schrifft Deudsch«, gedruckt bei Hans Lufft in Wittenberg, in zwei mächtigen Folianten erscheinen. Luther tut dies alles im Bewußtsein, daß für das arme, unwissende Volk in deutschen Landen eine besondere Gnadenstunde geschlagen hat. So schreibt er in seiner Schrift an die Ratsherren: »Ich achte, daß Deutschland noch nie so viel von Gottes Wort gehört habe wie jetzt... Liebe Deutsche, kauft, weil der Markt vor der Türe ist; sammelt ein, weil Sonnenschein und gut Wetter ist; braucht Gottes Gnade und Wort, weil es da ist! Denn das sollt ihr wissen: Gottes

Wort und Gnade ist ein fahrender Platzregen, der nicht wieder dahin kommt, wo er einmal gewesen ist. Er ist bei den Juden gewesen; aber hin ist hin, sie haben nun nichts mehr. Paulus brachte ihn nach Griechenland. Hin ist hin; nun haben sie den Türken. Rom und das lateinische Land haben ihn auch gehabt; hin ist hin, nun haben sie den Papst. Und ihr Deutschen dürft nicht denken, daß ihr ihn ewig haben werdet. Denn der Undank und die Verachtung wird ihn nicht dableiben lassen. Darum greift zu und haltet fest, wer greifen und halten kann! Faule Hände müssen ein böses Jahr haben.«

Auch im Gottesdienst, dessen Neuordnung Luther am Herzen liegt, soll hinfort die Predigt als eine »öffentliche Reizung zum Glauben«, die Verkündigung der biblischen Heilsbotschaft an erster Stelle stehen. Als Luther gegen Ende seines Lebens bei der Einweihung der Schloßkirche in Torgau die Predigt hielt, hat er noch einmal klar und deutlich ausgesprochen, was nach seiner Meinung in einem evangelischen Gottesdienst geschehen soll: dies, daß Gott mit uns redet durch sein liebes Wort und wir ihm antworten mit Gebet und Lobgesang. — Mit allem Fleiß darauf bedacht, daß das Evangelium im Schwange gehe, gibt Luther im Jahr 1524 ein »Geistliches Gesangbüchlein« heraus. In seiner Vorrede erinnert er an das Beispiel der Propheten und Könige im Alten Testament, die mit Singen und Klingen, mit Dichten und Saitenspiel Gott gelobt haben. Er beruft sich darauf, daß auch Paulus geboten habe, man solle in der Gemeinde von Herzen geistliche Lieder und Psalmen singen (1. Korinther 14,15; Kolosser 3,16). Die Lieder in diesem Gesangbüchlein sind vierstimmig gesetzt, denn — so begründet dies Luther —: »Ich wollte gerne, daß die Jugend, die doch ohnedies in der Musik

und anderen rechten Künsten erzogen werden soll und muß, etwas habe, um die Buhllieder und fleischlichen Gesänge loszuwerden und an ihrer Stelle etwas Heilsames zu lernen... Auch bin ich nicht der Meinung, als sollten durchs Evangelium alle Künste zu Boden geschlagen werden und vergehen, wie etliche Übergeistliche vorgeben; sondern ich wollte gern alle Künste, besonders die Musik, im Dienste dessen sehen, der sie gegeben und geschaffen hat.«
In diesem ersten evangelischen Gesangbüchlein finden wir die kraftvollen Lieder der Reformation, die bald landauf, landab gesungen wurden und die bis heute von ihrer Kraft nichts eingebüßt haben. Sie alle bezeugen, daß Luther nicht nur ein gewaltiger Prediger, ein furchtloser Bekenner, ein inniger Beter, ein streitbarer Theologe, sondern auch ein Dichter und Lobsänger der göttlichen Gnade war, dem unsere evangelische Kirche ihr Bestes verdankt.

## Das neue Lied

Die in ihm schlummernde dichterische Gabe wurde durch ein Ereignis geweckt, das Luther selbst zutiefst bewegt hat. In den Niederlanden wurde das Wormser Edikt, das die lutherische Ketzerei ausrotten sollte, mit unnachsichtiger Strenge durchgeführt. Das Kloster der Augustiner in Antwerpen wurde abgerissen; es galt als das Brutnest der lutherischen Ketzerei. Die Mönche, die lutherisch gesinnt waren, zwang man zum Widerruf. Nur zwei, Johann Esch und Heinrich Voes, blieben standhaft und verweigerten den Widerruf. Sie wurden als Ketzer am 1. Juni 1523 auf dem Marktplatz von Brüssel auf den Scheiterhaufen geführt und verbrannt.

Man begreift, daß Luther zutiefst betroffen war, als er davon hörte. Er machte sich keine Vorwürfe; im Gegenteil, er war davon überzeugt, daß Christus Märtyrer haben will, und so griff er zur Feder und verfaßte ein Lied, das einen triumphierenden Klang hat und ein erstes Zeugnis seiner dichterischen Begabung darstellt. Es trägt die Überschrift »Ein hübsch Lied von den zwei Märtyrern Christi, zu Brüssel von den Sophisten zu Löwen verbrannt«:

Ein neues Lied wir heben an,
das walt Gott, unser Herre,
zu singen, was Gott hat getan
zu seinem Lob und Ehre:
Zu Brüssel in dem Niederland
wohl durch zwei junge Knaben
hat er sein Wundermacht bekannt,
die er mit seinen Gaben
so reichlich hat gezieret.

Der erst' recht wohl Johannes heißt,
so reich an Gottes Hulden;
sein Bruder Heinrich nach dem Geist,
ein rechter Christ ohn' Schulden:
von dieser Welt geschieden sind,
sie han die Kron erworben,
recht wie die frommen Gotteskind
für sein Wort sind gestorben,
sein Märt'rer sind sie worden.

Der alte Feind sie fangen ließ,
erschreckt sie lang mit Dräuen;
das Wort Gott's er sie leugnen hieß,
mit List auch wollt' sie täuben.
Von Löwen der Sophisten viel,

mit ihrer Kunst verloren,
versammelt' er zu diesem Spiel;
der Geist macht' sie zu Toren,
sie konnten nichts gewinnen.

Sie sangen süß, sie sangen saur,
versuchten manche Listen, —
die Knaben stunden wie ein Maur',
veracht'ten die Sophisten.
Den alten Feind das sehr verdroß,
daß er war überwunden
von solchen Jungen, er so groß;
er ward voll Zorn von Stunden,
gedacht', sie zu verbrennen.

Sie raubten ihn'n das Klosterkleid,
die Weih' sie ihn'n auch nahmen;
die Knaben waren des bereit,
sie sprachen fröhlich Amen.
Sie dankten ihrem Vater Gott,
daß sie los sollten werden
des Teufels Larven, Spiel und Spott,
darin durch falsche G'bärden
die Welt er gar betrüget.

Das schickt' Gott durch sein' Gnad also,
daß sie recht Priester worden,
sich selbst ihm opfern mußten da
und gehn im Christenorden,
der Welt ganz abgestorben sein,
die Heuchelei ablegen,
zum Himmel kommen frei und rein,
die Möncherei ausfegen
und Menschentand hie lassen.

Man schrieb ihn'n vor ein Brieflein klein,
das hieß man selbst sie lesen;
die Stück sie faßten alle drein,
was ihr Glaub war gewesen.
Der höchste Irrtum dieser war:
man muß allein Gott glauben,
der Mensch lügt und trügt immerdar,
dem soll man nichts vertrauen.
Drob mußten sie verbrennen.

Zwei große Feu'r sie zünd'ten an,
die Knaben sie herbrachten.
Es nahm groß wunder jedermann,
daß sie solch Pein veracht'ten.
Mit Freuden sie sich gaben drein,
mit Gottes Lob und Singen;
der Mut ward den Sophisten klein
vor diesen neuen Dingen,
da sich Gott ließ so merken.

Noch lassen sie ihr Lügen nicht,
den großen Mord zu schmücken.
Sie geb'n vor ein falsch Gedicht,
ihr G'wissen tut sie drücken.
Die Heil'gen Gott's auch nach dem Tod
von ihn'n gelästert werden;
sie sagen: in der letzten Not
die Knaben noch auf Erden
sich sollen han umkehret.

Die laß man lügen immerhin,
sie haben's keinen Frommen.
Wir sollen danken Gott darin,
sein Wort ist wiederkommen.

Der Sommer ist hart vor der Tür,
der Winter ist vergangen,
die zarten Blumen geh'n herfür:
der das hat angefangen,
der wird es wohl vollenden.

Einen »Triumphgesang des Glaubens« hat man dieses Lied genannt. In der Tat, es hat einen sieghaften Klang. Da ist weder Klage noch Anklage. Luther erzählt, was geschah, ohne pathetischen Überschwang, aber durchdrungen von der Gewißheit: »Alles, was von Gott geboren ist, überwindet die Welt; und unser Glaube ist der Sieg, der die Welt überwunden hat« (1. Johannes 5,4). Luther selbst hat hier seine eigene dichterische Begabung entdeckt und gemerkt, wie griffig, wie würzig und innig gerade auch in der deutschen Sprache sich ausdrücken läßt, was ein Menschenherz bewegt. Noch in demselben Jahr (1523) verfaßt er sein erstes Kirchenlied »Nun freut euch, lieben Christen g'mein«, in dem er sein Ringen um die persönliche Heilsgewißheit und seine Wiederentdeckung des verschütteten Evangeliums schildert, durchdrungen von der Gewißheit, daß das Evangelium von der Herrlichkeit und Gnade Gottes der einzige und »wahre Schatz der Kirche« ist (62. These) und daß man diese Gnaden- und Siegesbotschaft nicht genug rühmen, auf den Leuchter stellen kann. Wer soll sie rühmen? Nicht nur der Priester, der die Messe zelebriert, auch nicht nur der Prediger, der die Kanzel besteigt. »Ihr seid das auserwählte Geschlecht, das königliche Priestertum, das heilige Volk, das Volk des Eigentums, daß ihr verkündigen sollt die Wohltaten des, der euch berufen hat von der Finsternis zu seinem wunderbaren Licht« — so steht es geschrieben im 1. Petrusbrief (2,9). Vom »allgemeinen Priestertum aller Gläubigen« überzeugt, hat Luther die ganze Gemeinde im Gottesdienst das Singen gelehrt. Bis auf den heutigen Tag gehören seine eigenen Lieder zum Besten, was die Christenheit kennt und besitzt.

## Luthers Bekenntnis und Vermächtnis

Wir haben Luther auf seinem Weg von Eisleben nach Erfurt, von Wittenberg nach Worms, von der Wartburg wieder zurück nach Wittenberg begleitet. Noch vieles wäre aus seinem so bewegten, kampferfüllten Leben in Erinnerung zu bringen: seine Eheschließung mitten im Bauernkrieg, seine literarische Fehde mit Erasmus, dem hochberühmten Humanisten, sein Kampf mit den Schwärmern, sein Streitgespräch mit Zwingli, dem Schweizer Reformator, über das Abendmahl, sein Briefwechsel mit Melanchthon in den schicksalschweren Tagen des Augsburger Reichstags (1530), an dem er selbst nicht teilnehmen durfte, seine Stellung zum Krieg wider die Türken, die das christliche Abendland bedrohten, und anderes mehr. Diese kleine Schrift kann auf all das nicht eingehen. Sie soll und will ja Luther als einen »Dichter der christlichen Gemeinde« würdigen. So mag es genügen, daß wir uns — eingedenk der Mahnung des Hebräerbriefes (13,7): »Gedenket an eure Lehrer, die euch das Wort Gottes gesagt haben; ihr Ende schauet an und folget ihrem Glauben nach« — noch seines Abschieds aus dieser Welt zuwenden.

Luthers letzte Aufgabe bestand in der Schlichtung eines verwickelten Rechtsstreits der Grafen von Mansfeld. Am 17. Februar 1546 wurde nach langwierigen Verhandlungen der Vertrag über die strittigen Punkte geschlossen. In der darauffolgenden Nacht standen seine

Söhne, die Freunde und die Mansfelder Grafen an Luthers Sterbebett. Von Todesschweiß bedeckt, betete Luther und dankte Gott dafür, daß Er ihm Christus offenbart hatte, ganz dessen gewiß, daß ihn niemand aus Seiner Hand reißen könne. Auf die Frage, ob er auf Christus und die Lehre, die er gepredigt hatte, beständig bleiben wolle, antwortete er mit einem deutlich vernehmbaren Ja. In der dritten Morgenstunde des 18. Februar 1546 ist er entschlafen. Auf einem Zettel, den man auf seinem Tisch fand, waren seine eigenen Erfahrungen im Umgang mit der Bibel, die er studiert, übersetzt, gepredigt, ja sein Leben lang als kostbarsten Schatz so fest umklammert hatte, niedergeschrieben: »Die Heilige Schrift meine niemand genügend verschmeckt zu haben, er habe denn hundert Jahre mit den Propheten Kirchen geleitet... Du lege nicht Hand an diese göttliche Äneis, sondern geh tief anbetend ihren Fußspuren nach. Wir sind Bettler, das ist wahr.«

Zu dem Vermächtnis, das uns Luther hinterlassen hat, gehört auch das folgende »Trostgebet in der letzten Stunde«, das diese knappe Schilderung seines von so viel Kampf erfüllten Lebens schließen soll:

»Allmächtiger, ewiger, barmherziger Herr und Gott, der du ein Vater unseres lieben Herrn Jesu Christi bist, ich weiß gewiß, daß du alles, was du gesagt hast, auch halten willst und kannst; denn du kannst nicht lügen, dein Wort ist wahrhaftig. Du hast mir im Anfang deinen lieben, einzigen Sohn Jesus Christus zugesagt; der ist gekommen und hat mich von Teufel, Tod und Hölle und Sünden erlöst, danach hat er mir zu größerer Sicherheit aus gnädigem Willen die Sakramente der Taufe und des Altars geschenkt und mir darin Vergebung der

Sünden, ewiges Leben und alle himmlischen Güter angeboten. Auf dieses dein Anerbieten hin habe ich von diesem Gebrauch gemacht und mich im Glauben auf sein Wort fest verlassen und sie empfangen. Darum zweifle ich nun gar nicht, daß ich fein sicher und im Frieden bin vor Teufel, Tod, Hölle und Sünde. Ist dies meine Stunde und dein göttlicher Wille, so will ich im Frieden mit Freuden auf dein Wort gern von hinnen scheiden. Amen.«

# Kirchenlieder Martin Luthers

## Vorrede auf alle guten Gesangbücher

Johann Walter (1496-1570), der Kapellmeister in der kursächsischen Hofkapelle, gab im Jahr 1524 mit Luther ein »geystlich Gesangk-Buchleyn« heraus, das in späteren Ausgaben vermehrt und verbessert wurde. Er war Luthers Mitarbeiter und Berater bei der Einrichtung einer deutschen Messe. Luther war mit diesem trefflichen Mann, von dem das Lied »Wach auf, wach auf, du deutsches Land« (EKG 390) stammt, freundschaftlich verbunden. Folgende »Vorrede auf alle guten Gesangbücher«, in der »Frau Musika« spricht, hat er zu Johann Walters »Lob und Preis der löblichen Kunst Musica« beigesteuert.

Von allen Freuden auf Erden
kann niemand eine feinre werden,
als die ich geb mit mein'm Singen
und mit manchem süßen Klingen.
Hie kann nicht sein ein böser Mut,
wo da singen Gesellen gut;
hie bleibt kein Zorn, Zank, Haß und Neid,
weichen muß alles Herzeleid;
Geiz, Sorg und was sonst hart anleit,
fährt hin samt aller Traurigkeit.
Auch ist ein jeder des wohl frei,
da solche Freud kein Sünde sei,
sondern auch Gott viel mehr gefällt
als alle Freud der ganzen Welt.
Dem Teufel sie sein Werk zerstört
und verhindert viel böser Mord.
Das zeugt Davids, des Königs, Tat,
der dem Saul oft gewehret hat
mit gutem, süßem Harfenspiel,
daß er nicht in groß Morden fiel*.
Zum göttlichen Wort und Wahrheit
macht sie das Herz still und bereit.

Solch's hat Elisäus bekannt,
da er den Geist durchs Harfen fand**.
Die beste Zeit im Jahr ist mein,
da singen alle Vögelein,
Himmel und Erden ist der'n voll,
viel gut Gesang da lautet wohl.
Voran die liebe Nachtigall
macht alles fröhlich überall
mit ihrem lieblichen Gesang;
des muß sie haben immer Dank,
vielmehr der liebe Herre Gott,
der sie also geschaffen hat,
zu sein die rechte Sängerin,
der Musika ein' Meisterin.
Dem singt und springt sie Tag und Nacht,
seines Lobs sie nichts müde macht:
Den ehrt und lobt auch mein Gesang
und sagt ihm ein'n ewigen Dank.

* Vgl. 1. Samuel 16,23
** Vgl. 2. Könige 3,15

## Nun komm, der Heiden Heiland

Luther hat nur vier seiner Kirchenlieder völlig frei geschaffen. In 32 von insgesamt 36 Liedern stützt er sich auf Vorlagen: biblische Texte (Psalmen, Zehn Gebote, Berufung des Jesaja, Weihnachtsgeschichte, Lobgesang des Simeon, Taufe Jesu, Vaterunser), Wallfahrtslieder und lateinische Hymnen der alten und der mittelalterlichen Kirche. Er wußte sich dankbar dem reichen Erbe der Väter verpflichtet. Das Lied »Nun komm, der Heiden Heiland«, verfaßt von dem Mailänder Bischof Ambrosius (340-397), ist ursprünglich ein Gebet um die Wiederkunft des Heilandes. Der Advent als eine besondere Zeit des Kirchenjahrs kam erst im 5. und 6. Jahrhundert auf.

Nun komm, der Heiden Heiland,
der Jungfrauen Kind erkannt;
daß sich wunder alle Welt,
Gott solch Geburt ihm bestellt.

Nicht von Mannes Blut noch Fleisch,
allein von dem Heiligen Geist
ist Gotts Wort worden ein Mensch
und blühet ein Frucht Weibs Fleisch.

Der Jungfrau Leib schwanger ward,
doch blieb Keuschheit rein bewahrt,
leucht' herfür manch Tugend schon;
Gott da war in seinem Thron.

Er ging aus der Kammer sein,
dem königlichen Saal so rein,
Gott von Art und Mensch, ein Held;
sein' Weg er zu laufen eilt.

Sein Lauf kam vom Vater her
und kehrt wieder zum Vater,
fuhr hinunter zu der Höll
und wieder zu Gottes Stuhl.

Der du bist dem Vater gleich,
führ hinaus den Sieg im Fleisch,
daß dein ewig Gotts Gewalt
in uns das krank Fleisch erhalt.

Dein Krippen glänzt hell und klar,
die Nacht gibt ein neu Licht dar.
Dunkel muß nicht kommen drein,
der Glaub bleibt immer im Schein.

Lob sei Gott dem Vater g'tan;
Lob sei Gott seim eingen Sohn,
Lob sei Gott dem Heilgen Geist
immer und in Ewigkeit.

EKG 1

## Gelobet seist du, Jesu Christ

Die erste Strophe dieses Weihnachtsliedes fand Luther vor. Sie wurde am Weihnachtsfest in der mittelalterlichen Kirche dreimal angestimmt, wenn der Priester dem Volk das Allerheiligste zeigte. Sie atmet noch ganz den Geist des Mittelalters. Das Wunder der jungfräulichen Geburt und die Teilnahme der Engelscharen wird besungen, so wie uns dies die großen Maler jener Zeit vor Augen stellen. So lieb und wert dies auch Luther war — die sechs Liedstrophen, die er hinzufügt, möchte man nicht missen. Wird doch erst in ihnen deutlich, welch eine Fülle des Heils wir Menschenkinder dieser Geburt Jesu Christi verdanken. Die tiefe Kluft zwischen Ewigem und Vergänglichem, Unendlichem und Endlichem, Licht und Finsternis, zwischen dem Reichtum Gottes und unserer menschlichen Armut — hier ist sie überbrückt.

Gelobet seist du, Jesu Christ,
daß du Mensch geboren bist
von einer Jungfrau, das ist wahr;
des freuet sich der Engel Schar.
Kyrieleis.

Des ewgen Vaters einig Kind
jetzt man in der Krippe findt;
in unser armes Fleisch und Blut
verkleidet sich das ewig Gut.
Kyrieleis.

Den aller Welt Kreis nie beschloß,
der liegt in Marien Schoß;
er ist ein Kindlein worden klein,
der alle Ding erhält allein.
Kyrieleis.

Das ewig Licht geht da herein,
gibt der Welt ein' neuen Schein;
es leucht' wohl mitten in der Nacht
und uns des Lichtes Kinder macht.
Kyrieleis.

Der Sohn des Vaters, Gott von Art,
ein Gast in der Welt hie ward
und führt uns aus dem Jammertal,
er macht uns Erben in seim Saal.
Kyrieleis.

Er ist auf Erden kommen arm,
daß er unser sich erbarm
und in dem Himmel mache reich
und seinen lieben Engeln gleich.
Kyrieleis.

Das hat er alles uns getan,
sein groß Lieb zu zeigen an.
Des freu sich alle Christenheit
und dank ihm des in Ewigkeit.
Kyrieleis.

EKG 15

## Vom Himmel hoch, da komm ich her

Zu Luthers Zeiten war das Kranzsingen noch allgemein verbreitet. Unter der Dorflinde versammelten sich nach Feierabend die Burschen und Mädchen des Dorfes, die Mädchen mit Kränzen geschmückt. Unter Singen und Tanzen suchten die Burschen in Rätselliedern die Kränzlein der Mädchen zu ersingen. Ein solches Kranzlied, das wohl bis ins 14. Jahrhundert zurückgeht, beginnt so:

Ich komm aus fremden Landen her
und bring euch viel der neuen Mär,
der neuen Mär bring ich so viel,
mehr denn ich euch hier sagen will.

Dieses Tanzlied ging Luther durch den Sinn, als er sein Kinder- und Reigenlied »Vom Himmel hoch, da komm ich her« verfaßte; das besonders für die Weihnachtsfeier in der Familie geeignet ist. — Das »Susaninne« in Strophe 14 dürfte von »Suse, Ninne« (»Schlafe, Kindchen«) herzuleiten sein. Die Melodie geht auf eine geistliche Volksweise zurück. Der Wechsel der Stimmen — in den Strophen 1-5 spricht der Engel, der den Hirten erschien, in den Strophen 7-14 der Mensch, der die Botschaft vernahm — macht das Lied besonders lebendig. In jedem Alter kann man an diesem »Kinderlied« nur seine helle Freude haben.

»Vom Himmel hoch, da komm ich her,
ich bring euch gute neue Mär;
der guten Mär bring ich so viel,
davon ich sing'n und sagen will.

Euch ist ein Kindlein heut geborn
von einer Jungfrau auserkorn,
ein Kindelein so zart und fein,
das soll eur Freud und Wonne sein.

Es ist der Herr Christ, unser Gott,
der will euch führn aus aller Not,
er will eur Heiland selber sein,
von allen Sünden machen rein.

Er bringt euch alle Seligkeit,
die Gott der Vater hat bereit',
daß ihr mit uns im Himmelreich
sollt leben nun und ewiglich.

So merket nun das Zeichen recht:
die Krippe, Windelein so schlecht;
da findet ihr das Kind gelegt,
das alle Welt erhält und trägt.«

Des laßt uns alle fröhlich sein
und mit den Hirten gehn hinein,
zu sehn, was Gott uns hat beschert,
mit seinem lieben Sohn verehrt.

Merk auf, mein Herz, und sieh dorthin:
was liegt doch in dem Krippelein?
Wes ist das schöne Kindelein?
Es ist das liebe Jesulein.

Sei mir willkommen, edler Gast!
Den Sünder nicht verschmähet hast
und kommst ins Elend her zu mir;
wie soll ich immer danken dir?

Ach Herr, du Schöpfer aller Ding,
wie bist du worden so gering,
daß du da liegst auf dürrem Gras,
davon ein Rind und Esel aß!

Und wär die Welt vielmal so weit,
von Edelstein und Gold bereit',
so wär sie doch dir viel zu klein,
zu sein ein enges Wiegelein.

Der Sammet und die Seiden dein,
das ist grob Heu und Windelein,
darauf du König groß und reich
herprangst, als wär's dein Himmelreich.

Das hat also gefallen dir,
die Wahrheit anzuzeigen mir,
wie aller Welt Macht, Ehr und Gut
vor dir nichts gilt, nichts hilft noch tut.

Ach mein herzliebes Jesulein,
mach dir ein rein, sanft Bettelein,
zu ruhen in meins Herzens Schrein,
daß ich nimmer vergesse dein.

Davon ich allzeit fröhlich sei,
zu springen, singen immer frei
das rechte Susaninne schön,
mit Herzenslust den süßen Ton.

Lob, Ehr sei Gott im höchsten Thron,
der uns schenkt seinen ein'gen Sohn;
des freuen sich der Engel Schar'
und singen uns solch neues Jahr.

EKG 16

## Vom Himmel kam der Engel Schar

Für die Feier der Geburt Christi am Weihnachtsfest hat uns Luther drei Lieder geschenkt, den »Lobgesang von der Geburt Christi«: »Gelobet seist du, Jesu Christ, daß du Mensch geboren bist«, das von ihm völlig frei erfundene Kinder- und Reigenlied »Vom Himmel hoch, da komm ich her« und das Lied »Vom Himmel kam der Engel Schar«. Keines dieser Lieder möchte man missen; aber in letzterem reden sozusagen auch die Engel »lutherisch« (!).

Vom Himmel kam der Engel Schar,
erschien den Hirten offenbar;
sie sagten ihn': »Ein Kindlein zart,
das liegt dort in der Krippen hart,

zu Bethlehem, in Davids Stadt,
wie Micha das verkündet hat;
es ist der Herre Jesus Christ,
der euer aller Heiland ist.«

Des sollt ihr billig fröhlich sein,
daß Gott mit euch ist worden ein;
er ist geborn eur Fleisch und Blut,
eur Bruder ist das ewig Gut.

Was kann euch tun die Sünd und Tod?
Ihr habt mit euch den wahren Gott.
Laßt zürnen Teufel und die Höll,
Gotts Sohn ist worden eur Gesell.

Er will und kann euch lassen nicht,
setzt ihr auf ihn eur Zuversicht.
Es mögen euch viel fechten an:
dem sei Trotz, der's nicht lassen kann.

Zuletzt müßt ihr doch haben recht:
ihr seid nun worden Gotts Geschlecht.
Des danket Gott in Ewigkeit,
geduldig, fröhlich allezeit.

EKG 17

## Christ lag in Todesbanden

Ein ausgesprochenes Passionslied hat Luther nicht verfaßt. Untrennbar waren für ihn Jesu Tod und Jesu Auferstehung verbunden. Erst in späterer Zeit hat man sich in das Leiden und Sterben Jesu mit besonders inniger Andacht versenkt. Um so kraftvoller sind die beiden Osterlieder, die uns Luther geschenkt hat. Das Lied »Christ lag in Todesbanden« geht auf ein vorreformatorisches Osterlied zurück. Besonders packend ist die vierte Strophe, die das Osterwunder als ein Kampfgeschehen beschreibt.

Christ lag in Todesbanden,
für unsre Sünd gegeben,
der ist wieder erstanden
und hat uns bracht das Leben.
Des wir sollen fröhlich sein,
Gott loben und dankbar sein
und singen Halleluja.
Halleluja.

Den Tod niemand zwingen konnt
bei allen Menschenkindern;
das macht' alles unsre Sünd,
kein Unschuld war zu finden.
Davon kam der Tod so bald
und nahm über uns Gewalt,
hielt uns in seim Reich gefangen.
Halleluja.

Jesus Christus, Gottes Sohn,
an unser Statt ist kommen
und hat die Sünd abgetan,
damit dem Tod genommen
all sein Recht und sein Gewalt;
da bleibt nichts denn Tods Gestalt,
den Stachel hat er verloren.
Halleluja.

Es war ein wunderlich Krieg,
da Tod und Leben rungen;
das Leben behielt den Sieg,
es hat den Tod verschlungen.
Die Schrift hat verkündet das,
wie ein Tod den andern fraß;
ein Spott aus dem Tod ist worden.
Halleluja.

Hier ist das recht Osterlamm,
davon wir sollen leben;
das ist an des Kreuzes Stamm
in heißer Lieb gegeben.
Des Blut zeichnet unsre Tür,
das hält der Glaub dem Tod für;
der Würger kann uns nicht rühren.
Halleluja.

So feiern wir das hoh Fest
mit Herzensfreud und Wonne,
das uns der Herr scheinen läßt.
Er ist selber die Sonne,
der durch seiner Gnaden Glanz
erleucht' unsre Herzen ganz;
der Sünden Nacht ist vergangen.
Halleluja.

Wir essen und leben wohl,
zum süßen Brot geladen;
der alte Saurteig nicht soll
sein bei dem Wort der Gnaden.
Christus will die Kost uns sein
und speisen die Seel allein;
der Glaub will keins andern leben.
Halleluja. EKG 76

## Jesus Christus, unser Heiland

Dieser »Lobgesang auf das Osterfest« ist ein eindringliches Beispiel dafür, wieviel man mit wenigen Worten sagen kann. In knapper, plastischer Sprache wird bezeugt, was an dem Ostertag Jesu Christi geschah. Jesus Christus hat den Tod, den Paulus den »letzten Feind« nennt, siegreich überwunden. Das Sterben ist ein Schicksal, der Tod ist eine Macht! Die Entwaffnung dieses Gegners, der alle Menschenmacht und Menschenherrlichkeit in Ohnmacht verwandelt, konnte nur dadurch gelingen, daß Er die »Sünde« gefangennahm, die Paulus den »Stachel des Todes« nennt (1. Korinther 15,56). Doch nicht genug damit: Er erlitt — stellvertretend für uns — Gottes Zorn. Dieser Zorn ist keine Aufwallung im Herzen Gottes, er ist vielmehr der Widerstand, den er, der Allgewaltige, unserem gottwidrigen Verhalten entgegenstellt. Herrlich bezeugt die dritte Strophe die allumfassende Rettermacht des Auferstandenen.

Jesus Christus, unser Heiland,
der den Tod überwand,
ist auferstanden,
die Sünd hat er gefangen.
Kyrie eleison.

Der ohn Sünden war geborn,
trug für uns Gottes Zorn,
hat uns versöhnet,
daß Gott uns sein Huld gönnet.
Kyrie eleison.

Tod, Sünd, Leben und Genad,
alls in Händen er hat.
Er kann erretten
alle, die zu ihm treten.
Kyrie eleison.

EKG 77

## Komm, Heiliger Geist, Herre Gott

Dieses Pfingstlied Luthers ist nach Text und Melodie ein besonderes Juwel. »Es schreitet gewaltig und kühn einher, ein festliches Gewoge geht durch Wort und Ton, wir sehen uns hineingestellt in die große Gemeinde, die Kirche singt in diesem Lied. Seine mächtig dahinflutenden Sätze gehören zum Herrlichsten, was unsere deutsche Muttersprache besitzt. Das Lied atmet feierliche Größe. In ihm liegt etwas vom Brausen des Geistes, der die Seelen erfüllt. Christen sollten keine Gelegenheit vorbeigehen lassen, es zu singen« (H. Stier).

Komm, Heiliger Geist, Herre Gott,
erfüll mit deiner Gnaden Glut
deiner Gläubgen Herz, Mut und Sinn,
dein brünstig Lieb entzünd in ihn'.
O Herr, durch deines Lichtes Glast
zu dem Glauben versammelt hast
das Volk aus aller Welt Zungen.
Das sei dir, Herr, zu Lob gesungen.
Halleluja, Halleluja.

Du heiliges Licht, edler Hort,
laß uns leuchten des Lebens Wort
und lehr uns Gott recht erkennen,
von Herzen Vater ihn nennen.
O Herr, behüt vor fremder Lehr,
daß wir nicht Meister suchen mehr
denn Jesum mit rechtem Glauben
und ihm aus ganzer Macht vertrauen.
Halleluja, Halleluja.

Du heilige Brunst, süßer Trost,
nun hilf uns fröhlich und getrost
in deim Dienst beständig bleiben,
die Trübsal uns nicht abtreiben.
O Herr, durch dein Kraft uns bereit
und stärk des Fleisches Blödigkeit,
daß wir hie ritterlich ringen,
durch Tod und Leben zu dir dringen.
Halleluja, Halleluja.

EKG 98

## Erhalt uns, Herr, bei deinem Wort

Dieses Lied trägt ursprünglich die Überschrift »Ein Kinderlied, zu singen wider die zween Erzfeinde Christi und seiner heiligen Kirche, den Papst und Türken«. Luther verfaßte es um die Jahreswende 1541/42, nachdem der Kurfürst von Sachsen die Prediger zum Gebet wider die Türken aufgerufen hatte, die das christliche Abendland bedrohten. Im Oktober des Jahres 1541 ließ Luther eine Schrift »Vermahnung zum Gebet wider die Türken« erscheinen. Damals tauchte das Gerücht auf, der Papst habe sich einem Bündnis des Königs von Frankreich mit dem türkischen Sultan angeschlossen. Luther sah im Papst den Geist, im Türken das Fleisch des Antichrists. In einer Tischrede spricht er aus, was nach seiner Meinung allein noch helfen und retten kann: »Betet! Denn es ist keine Hoffnung mehr in den Waffen, sondern in Gott. Wenn dem Türken jemand soll tun, so werden's die armen Kinderchen tun, die das Vaterunser beten... Unser Wall und Büchsen und alle Fürsten, die werden ihn (den Türken) wohl ungeschoren lassen.«
Das trinitarisch aufgebaute Lied umfaßt nur zwölf Zeilen. Aber es ist ein kostbarer Schatz. Wie in den Jahren des Kirchenkampfes wird es auch in künftigen Kampf- und Notzeiten der Christenheit seine Kraft erweisen.

Erhalt uns, Herr, bei deinem Wort
und steure deiner Feinde Mord,
die Jesum Christum, deinen Sohn,
wollen stürzen von deinem Thron.

Beweis dein Macht, Herr Jesu Christ,
der du Herr aller Herren bist;
beschirm dein arme Christenheit,
daß sie dich lob in Ewigkeit.

Gott Heilger Geist, du Tröster wert,
gib deim Volk einerlei Sinn auf Erd;
steh bei uns in der letzten Not,
g'leit uns ins Leben aus dem Tod.

EKG 142

## Ach Gott, vom Himmel sieh darein

Dieses Lied Luthers, dem Psalm 12 zugrunde liegt, ist ein eindringliches Zeugnis von seinem Kampf gegen die »Schwarmgeister« (Thomas Müntzer). In den Psalmen sieht er die Geschicke der Kirche und der Gläubigen sich widerspiegeln. Gott selbst muß »darein sehen«, schützend und rettend eingreifen, wenn die kleine Schar seiner »Heiligen« dieser Verführer sich erwehren soll. »Sie lehren eitel falsche List, was eigen Witz erfindet.« (»Witz« ist in der Sprache Luthers gleichbedeutend mit »Wissen« oder »Weisheit«). Diese Widersacher der »Heiligen« und der »Armen« gründen sich nicht auf Gottes Wort, sondern auf »eitel« (nur) Eingebungen ihres eigenen Verstandes. Sie haben kein rechtes Maß, kein wirklich tragendes Fundament. Weil sie ihrer eigenen Weisheit folgen, spalten, zertrennen sie die Gemeinde der »Heiligen« (das heißt: der wahrhaft Glaubenden). Aber das im Schmelzofen der Trübsal geläuterte und bewährte Wort Gottes wird sich als unüberwindlich erweisen. Gerade dann, wenn die wahrhaft Glaubenden in Bedrängnis geraten, wird die überlegene Kraft dieses Wortes offenbar.

Ach Gott, vom Himmel sieh darein
und laß dich des erbarmen:
wie wenig sind der Heilgen dein,
verlassen sind wir Armen!
Dein Wort man läßt nicht haben wahr,
der Glaub ist auch verloschen gar
bei allen Menschenkindern.

Sie lehren eitel falsche List,
was eigen Witz erfindet;
ihr Herz nicht *eines* Sinnes ist
in Gottes Wort gegründet:
der wählet dies, der andre das;
sie trennen uns ohn alle Maß
und gleißen schön von außen.

Gott woll ausrotten alle gar,
die falschen Schein uns lehren,
dazu ihr Zung stolz offenbar
spricht: »Trotz! Wer will's uns wehren?
Wir haben Recht und Macht allein;
was wir setzen, das gilt gemein.
Wer ist, der uns sollt meistern?«

Darum spricht Gott: »Ich muß auf sein,
die Armen sind verstöret;
ihr Seufzen dringt zu mir herein,
ich hab ihr Klag erhöret.
Mein heilsam Wort soll auf den Plan,
getrost und frisch sie greifen an
und sein die Kraft der Armen.«

Das Silber, durchs Feur siebenmal
bewährt, wird lauter funden;
an Gottes Wort man warten soll
desgleichen alle Stunden.
Es will durchs Kreuz bewähret sein;
da wird sein Kraft erkannt und Schein
und leucht' stark in die Lande.

Das wollst du, Gott, bewahren rein
vor diesem argen G'schlechte
und laß uns dir befohlen sein,
daß sich's in uns nicht flechte.
Der gottlos Hauf sich umher findt,
wo diese losen Leute sind
in deinem Volk erhaben.

EKG 177

## Es wolle Gott uns gnädig sein

Dieses nach Text und Melodie großartige Lied, dem der 67. Psalm zugrunde liegt, ist das Missionslied Martin Luthers. Hier geht es nicht nur um das persönliche Heil des einzelnen. Deshalb bittet die Gemeinde, die dieses Lied anstimmt, daß Jesus Christus und das in ihm beschlossene Heil den Heiden bekannt werde, ja alle Welt erkenne, wer ihr Gebieter, Retter und Richter ist. Mit diesem Lied sind im Jahr 1632 die Soldaten Gustav Adolfs vor der Schlacht bei Lützen in den Kampf gezogen. Es war das Schlußlied im lutherischen Gottesdienst.

Es wolle Gott uns gnädig sein
und seinen Segen geben;
sein Antlitz uns mit hellem Schein
erleucht zum ewgen Leben,
daß wir erkennen seine Werk
und was ihm lieb auf Erden,
und Jesus Christus, Heil und Stärk
bekannt den Heiden werden
und sie zu Gott bekehren.

So danken, Gott, und loben dich
die Heiden überalle,
und alle Welt, die freue sich
und sing mit großem Schalle,
daß du auf Erden Richter bist
und läßt die Sünd nicht walten.
Dein Wort die Hut und Weide ist,
die alles Volk erhalten,
in rechter Bahn zu wallen.

Es danke, Gott, und lobe dich
das Volk in guten Taten;
das Land bringt Frucht und bessert sich:
dein Wort ist wohlgeraten.
Uns segne Vater und der Sohn,
uns segne Gott der Heilig Geist,
dem alle Welt die Ehre tu,
vor ihm sich fürchte allermeist.
Nun sprecht von Herzen: Amen!

EKG 182

## Wär Gott nicht mit uns diese Zeit

In packender, bildreicher Sprache wird im 124. Psalm, der diesem Lied zugrunde liegt, die Bedrohung des Volkes Gottes und seine Errettung aus höchster Gefahr geschildert. Wie meisterlich es Luther verstand, im engen Anschluß an den biblischen Text den Psalm in ein Kampf-, Trutz- und Trostlied der Christenheit umzuwandeln, wird besonders deutlich, wenn man das Lied von Justus Jonas »Wo Gott der Herr nicht bei uns hält« (EKG 193) damit vergleicht. Es ist ungleich wortreicher und weitschweifiger. Luthers Lied enthält keine Silbe zuviel. Seine Verdeutschung des Psalms ist ein Meisterwerk der Sprache und Verskunst.

Wär Gott nicht mit uns diese Zeit
— so soll Israel sagen —,
wär Gott nicht mit uns diese Zeit,
wir hätten müss'n verzagen,
die so ein armes Häuflein sind,
veracht' von so viel Menschenkind,
die an uns setzen alle.

Auf uns ist so zornig ihr Sinn;
wo Gott hätt das zugeben,
verschlungen hätten sie uns hin
mit ganzem Leib und Leben;
wir wärn, als die ein Flut ersäuft
und über die groß Wasser läuft
und mit Gewalt verschwemmet.

Gott Lob und Dank, der nicht zugab,
daß ihr Schlund uns möcht fangen!
Wie ein Vogel des Stricks kommt ab,
ist unsre Seel entgangen.
Strick ist entzwei, und wir sind frei;
des Herren Name steht uns bei,
des Gotts Himmels und Erden. EKG 192

## Ein feste Burg ist unser Gott

Unter den zahlreichen Liedern, in denen Luther Psalmen verdeutscht hat, gebührt diesem »Schutz- und Trutzlied« der Evangelischen Kirche ein Ehrenplatz. Es ist — in Anlehnung an Psalm 46 — in den Jahren 1525-28 entstanden, in denen Luther besonders unter Anfechtungen litt. Ein qualvolles Steinleiden plagte ihn, dazu kamen schwere innere Anfechtungen. In Wittenberg wütete die Pest. Die Universität siedelte nach Jena über. Der Kurfürst forderte Luther auf, auch dorthin zu flüchten. Aber Luther schrieb zurück: »Ein guter Hirt läßt sein Leben für die Schafe«, und blieb. Die Nachricht, daß Leonhard Kaiser, ein Anhänger seiner Lehre, um seines mutigen Bekenntnisses willen auf dem Scheiterhaufen verbrannt wurde, erschütterte ihn tief. Die Frau des Arztes Schurf, die mit ihm in einem Hause wohnte, war an der Pest erkrankt. Er sorgte sich um seine eigene Frau, die ein Kind erwartete. »Draußen sind Kämpfe, inwendig Schrecken, Christus sucht uns heim. Ein Trost ist, den wir der Wut Satans entgegenstellen, daß wir Gottes Wort haben, das die Seelen rettet, wenn jener auch die Leiber verschlingt.« So schreibt Luther in einem Brief an Nikolaus Amsdorf. — In solchen Nöten ist dieses Lied geboren.

Ein feste Burg ist unser Gott,
ein gute Wehr und Waffen.
Er hilft uns frei aus aller Not,
die uns jetzt hat betroffen.
Der alt böse Feind,
mit Ernst er's jetzt meint;
groß Macht und viel List
sein grausam Rüstung ist,
Auf Erd' ist nicht seinsgleichen.

Mit unsrer Macht ist nichts getan,
wir sind gar bald verloren;
es streit' für uns der rechte Mann,
den Gott hat selbst erkoren.
Fragst du, wer der ist?

Er heißt Jesus Christ,
der Herr Zebaoth,
und ist kein andrer Gott;
das Feld muß er behalten.

Und wenn die Welt voll Teufel wär
und wollt uns gar verschlingen,
so fürchten wir uns nicht so sehr,
es soll uns doch gelingen.
Der Fürst dieser Welt,
wie saur er sich stellt,
tut er uns doch nichts;
das macht, er ist gericht':
ein Wörtlein kann ihn fällen.

Das Wort sie sollen lassen stahn
und kein' Dank dazu haben.
Er ist bei uns wohl auf dem Plan
mit seinem Geist und Gaben.
Nehmen sie den Leib,
Gut, Ehr, Kind und Weib,
laß fahren dahin!
Sie haben's kein' Gewinn;
das Reich muß uns doch bleiben.

EKG 201

## Nun freut euch, lieben Christen g'mein

Dieses Lied, aus dem wir bei dem Ringen Luthers um die Heilsgewißheit bereits einige Verse zitiert haben, ist das persönlichste unter den Liedern, die er verfaßt hat. Beides, seine ausweglose Verzweiflung, in die er beim Ringen um die Vollkommenheit hinabstürzte, und sein Durchbruch zur Heilsgewißheit, kommt darin zur Sprache. Für eine frühe Entstehung des Liedes könnten einige Formulierungen aus einer im Jahr 1518 geschriebenen Erläuterung seiner 95 Thesen sprechen. Dort schreibt er: »Ich kenne einen Menschen, der von sich weiß, daß er solche Strafen öfters erlitten hat, die zwar kurze Zeit dauerten, aber so groß und höllisch waren, daß keine Zunge sie glauben kann, so daß, wenn sie wirklich ihr Ende erreichten oder eine halbe Stunde, ja den zehnten Teil einer Stunde dauerten, es mit ihm gar aus gewesen wäre und all sein Gebein sich zu Asche gewandelt hätte. Da gibt es kein Entrinnen, keinen Trost, weder innen noch außen, sondern nur Anklagen über Anklagen ... So bleibt dem Menschen nichts als die nackte Sehnsucht nach Hilfe und der entsetzliche Schrei der Angst. Da ist die Seele ausgespannt mit Christus wie an einem Kreuz, daß alle ihre Gebeine gezählt werden können. Und kein Winkel ist darin, der nicht erfüllt wäre mit bitterster Bitterkeit, mit Schrecken, mit Angst, mit Traurigkeit — aber dies alles währt ewig.« — Das Lied dürfte im Jahr 1523 in innerem Zusammenhang mit dem Lied von den »zween Märtyrern zu Brüssel« entstanden sein.

Nun freut euch, lieben Christen g'mein,
und laßt uns fröhlich springen,
daß wir getrost und all in ein
mit Lust und Liebe singen,
was Gott an uns gewendet hat
und seine süße Wundertat;
gar teur hat er's erworben.

Dem Teufel ich gefangen lag,
im Tod war ich verloren;
mein Sünd mich quälte Nacht und Tag,
darin ich war geboren;

ich fiel auch immer tiefer drein,
es war kein Guts am Leben mein,
die Sünd hatt' mich besessen.

Mein guten Werk, die galten nicht,
es war mit ihn' verdorben;
der frei Will haßte Gotts Gericht,
er war zum Gut'n erstorben.
Die Angst mich zu verzweifeln trieb,
daß nichts denn Sterben bei mir blieb;
zur Höllen mußt ich sinken.

Da jammert' Gott in Ewigkeit
mein Elend übermaßen;
er dacht an sein Barmherzigkeit,
er wollt mir helfen lassen.
Er wandt zu mir das Vaterherz;
es war bei ihm fürwahr kein Scherz,
er ließ's sein Bestes kosten.

Er sprach zu seinem lieben Sohn:
»Die Zeit ist hie zu erbarmen;
fahr hin, meins Herzens werte Kron,
und sei das Heil dem Armen
und hilf ihm aus der Sünden Not,
erwürg für ihn den bittern Tod
und laß ihn mit dir leben.«

Der Sohn dem Vater g'horsam ward,
er kam zu mir auf Erden
von einer Jungfrau rein und zart;
er sollt mein Bruder werden.
Gar heimlich führt' er sein Gewalt,
er ging in meiner armen G'stalt;
den Teufel wollt er fangen.

Er sprach zu mir: »Halt dich an mich,
es soll dir jetzt gelingen;
ich geb mich selber ganz für dich,
da will ich für dich ringen.
Denn ich bin dein und du bist mein,
und wo ich bleib, da sollst du sein;
uns soll der Feind nicht scheiden.

Vergießen wird er mir mein Blut,
dazu mein Leben rauben;
das leid ich alles dir zugut,
das halt mit festem Glauben.
Den Tod verschlingt das Leben mein,
mein Unschuld trägt die Sünde dein;
da bist du selig worden.

Gen Himmel zu dem Vater mein
fahr ich von diesem Leben;
da will ich sein der Meister dein:
den Geist will ich dir geben,
der dich in Trübnis trösten soll
und lehren mich erkennen wohl
und in der Wahrheit leiten.

Was ich getan hab und gelehrt,
das sollst du tun und lehren,
damit das Reich Gotts werd gemehrt
zu Lob und seinen Ehren;
und hüt dich vor der Menschen G'satz,
davon verdirbt der edle Schatz:
das laß ich dir zur Letze.«

EKG 239

## Vater unser im Himmelreich

Der Auslegung des Vaterunsers im Katechismus (1529) hat Luther zehn Jahre später dieses Lied hinzugefügt, in dem er die christliche Gemeinde das Gebet, das uns Jesus Christus gelehrt hat, singen lehrt. Verschiedene Vorarbeiten, die uns erhalten sind, zeigen, wie sorgfältig Luther an seinen Liedern gefeilt hat. Jede Strophe besteht aus sechs Zeilen, jede Zeile zählt acht Silben. Hier kann jeder Christ lernen, was es heißt, nicht nur mit den Lippen, sondern »aus Herzensgrund« mit Gott zu reden. Zugleich wird unser Beten aus aller individualistischen Verengung kraftvoll befreit.

Vater unser im Himmelreich,
der du uns alle heißest gleich
Brüder sein und dich rufen an
und willst das Beten von uns han:
gib, daß nicht bet allein der Mund,
hilf, daß es geh von Herzensgrund.

Geheiligt werd der Name dein,
dein Wort bei uns hilf halten rein,
daß auch wir leben heiliglich,
nach deinem Namen würdiglich.
Behüt uns, Herr, vor falscher Lehr,
das arm, verführet Volk bekehr.

Es komm dein Reich zu dieser Zeit
und dort hernach in Ewigkeit.
Der Heilig Geist uns wohne bei
mit seinen Gaben mancherlei;
des Satans Zorn und groß Gewalt
zerbrich, vor ihm dein Kirch erhalt.

Dein Will gescheh, Herr Gott, zugleich
auf Erden wie im Himmelreich.
Gib uns Geduld in Leidenszeit,
gehorsam sein in Lieb und Leid;
wehr und steur allem Fleisch und Blut,
das wider deinen Willen tut.

Gib uns heut unser täglich Brot
und was man b'darf zur Leibesnot;
behüt uns, Herr, vor Unfried, Streit,
vor Seuchen und vor teurer Zeit,
daß wir in gutem Frieden stehn,
der Sorg und Geizens müßig gehn.

All unsre Schuld vergib uns, Herr,
daß sie uns nicht betrübe mehr,
wie wir auch unsern Schuldigern
ihr Schuld und Fehl vergeben gern.
Zu dienen mach uns all bereit
in rechter Lieb und Einigkeit.

Führ uns, Herr, in Versuchung nicht;
wenn uns der böse Geist anficht
zur linken und zur rechten Hand,
hilf uns tun starken Widerstand,
im Glauben fest und wohlgerüst'
und durch des Heilgen Geistes Trost.

Von allem Übel uns erlös;
es sind die Zeit' und Tage bös.
Erlös uns vom ewigen Tod
und tröst uns in der letzten Not.
Bescher uns auch ein seligs End,
nimm unsre Seel in deine Händ.

Amen, das ist: es werde wahr!
Stärk unsern Glauben immerdar,
auf daß wir ja nicht zweifeln dran,
was wir hiemit gebeten han
auf dein Wort, in dem Namen dein.
So sprechen wir das Amen fein.

EKG 241

## Mit Fried und Freud ich fahr dahin

In diesem Lied über den Lobgesang Simeons (Lukas 2,29-32) erweist sich Luther in besonderer Weise als ein Meister der Sprache. Schon in formaler Hinsicht ist es ein besonderes Kunstwerk. Da ist der zweimalige Wechsel einer acht- und einer viersilbigen Zeile und der Abschluß mit zwei siebensilbigen Zeilen. »Vollkommener konnte der Ausdruck friedvoller Ergebung und stiller Freude nicht dargestellt werden« (Friedrich Spitta). Die Worte: »...der Tod ist mein Schlaf worden«, sind aus der Geschichte von der Auferweckung des Mägdleins des Jairus (Matthäus 9, 23ff) hinzugefügt. Auch die kunstvolle Weise dieses Liedes stammt wahrscheinlich von Luther selbst. Nach Text und Melodie ist dieses Lied auch als Abendlied geeignet. Wer es singt oder betet, bei dem kehrt Frieden ein.

Mit Fried und Freud ich fahr dahin
in Gotts Wille;
getrost ist mir mein Herz und Sinn,
sanft und stille.
Wie Gott mir verheißen hat:
der Tod ist mein Schlaf worden.

Das macht Christus, wahr' Gottes Sohn,
der treu Heiland,
den du mich, Herr, hast sehen lan
und g'macht bekannt,
daß er sei das Leben mein
und Heil in Not und Sterben.

Den hast du allen vorgestellt
mit groß' Gnaden,
zu seinem Reich die ganze Welt
heißen laden
durch dein teuer heilsam Wort,
an allem Ort erschollen.

Er ist das Heil und selig Licht
für die Heiden,
zu erleuchten, die dich kennen nicht,
und zu weiden.
Er ist deins Volks Israel
Preis, Ehre, Freud und Wonne.

EKG 310

## Verzeichnis benutzter Quellen

Paul Althaus: *Die Theologie Martin Luthers.* Gütersloh 1962

Heinrich Fausel: *D. Martin Luther.* Stuttgart 1955

*Lebensbilder der Liederdichter und Melodisten.* Handbuch zum Evangelischen Kirchengesangbuch II,1. Göttingen 1957

*Die Lieder unserer Kirche.* Eine Handreichung zum Evangelischen Kirchengesangbuch. Göttingen 1958

*Evangelisches Kirchengesangbuch.* Ausgabe für die Evangelische Landeskirche in Württemberg. Stuttgart 1953